Conoce a mi mascota

EL HÁMSTER

www.openlightbox.com

Samantha Nugent
y Jared Siemens

Paso 1
Ingresa a www.openlightbox.com

Paso 2
Ingresa este código único
AVH33948

Paso 3
¡Explora tu eBook interactivo!

Conoce a mi mascota

EL HÁMSTER

Iniciar

Comparte

AV2 es compatible para su uso en cualquier dispositivo.

Tu eBook interactivo trae...

Leer / Audio
Escucha todo el lobro leído en voz alta

Videos
Mira videoclips informativos

Enlaces web
Obtén más información para investigar

¡Prueba esto!
Realiza actividades y experimentos prácticos

Palabras clave
Estudia el vocabulario y realiza una actividad para combinar las palabras

Cuestionarios
Pon a prueba tus conocimientos

Presentación de imágenes
Mira las imágenes y los subtítulos

Comparte
Comparte títulos dentro de tu Sistema de Gestión de Aprendizaje (LMS) o Sistema de Circulación de Bibliotecas

Citas
Crea referencias bibliográficas siguiendo los estilos de APA, CMOS y MLA

Este título está incluido en nuestra suscripción digital de Lightbox

Suscripción en español de K–5 por 1 año
ISBN 978-1-5105-5935-6

Accede a cientos de títulos de AV2 con nuestra suscripción digital.
Regístrate para una prueba GRATUITA en www.openlightbox.com/trial

Se garantiza que los componentes digitales de este libro estarán activos por 5 años.

Conoce a mi mascota

EL HÁMSTER

CONTENIDOS

- 4 **Adoptando un hámster**
- 6 **Diferentes tipos de hámsteres**
- 8 **El hogar del hámster**
- 10 **A dormir**
- 12 **Masticando cosas**
- 14 **La comida del hámster**
- 16 **Acicalándose**
- 18 **El ejercicio**
- 20 **Mi hámster mascota**
- 22 **Datos sobre los hámsteres**

Quiero tener un hámster de mascota.

Debo aprender a cuidarlo.

Hay muchos tipos de hámsteres para elegir como mascota.

La mayoría de los hámsteres tienen pelo blanco, marrón o anaranjado.

EL TAMAÑO DE LOS HÁMSTERES

Hámster sirio
6 pulgadas (15 centímetros)

Hámster gris enano
4 pulgadas (10 cm)

Hámster chino
3 pulgadas (8 cm)

Hámster enano de Roborovski
2 pulgadas (5 cm)

Mi hámster vivirá en una jaula.

Ayudaré a limpiar su jaula una vez por semana.

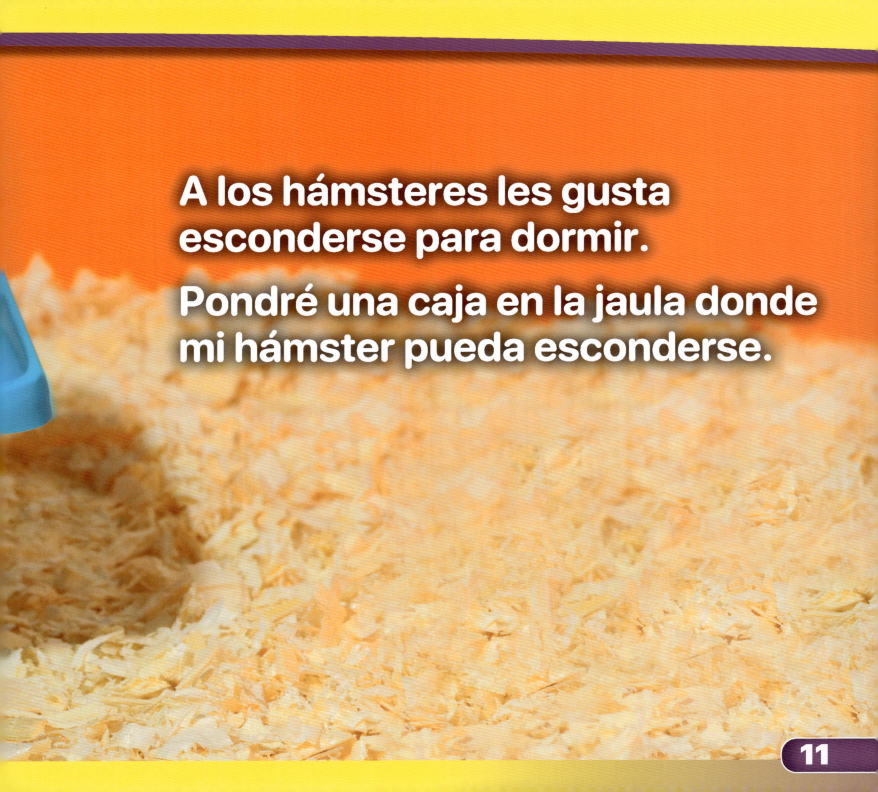

A los hámsteres les gusta esconderse para dormir.

Pondré una caja en la jaula donde mi hámster pueda esconderse.

Mi hámster necesitará masticar cosas.

Masticar cosas es bueno para sus dientes.

13

A los hámsteres les gusta comer semillas y vegetales.

Le daré de comer todas las noches antes de irme a dormir.

CUÁNTO COMEN LAS MASCOTAS

Hámster
Entre 0,5 y 1 onza (14 y 28 gramos) de alimento por día.

Conejillo de Indias
Hasta 2 onzas (57 g) de alimento por día

Conejo
Unas 7 onzas (200 g) de alimento por día

Iguana
Hasta 32 onzas (900 g) de alimento por día

A mi hámster se le puede enredar el pelo.

Usaré un cepillo de dientes suave para cepillarlo con cuidado.

Mi hámster necesitará ejercitarse todos los días.

Pondré una rueda de hámster en su jaula para que pueda correr.

Creciendo

Hámster recién nacido
Hasta 0,17 onzas (5 g)
No puede abrir los ojos.
No tiene pelo.

Hámster de 3 meses
Hasta 0,53 onzas (15 g)
Ya abre los ojos.
Comienza a explorar.

Hámster de 8 semanas
Hasta 3,5 onzas (100 g)
Es independiente.
Come alimento sólido.

Hámster de 1 año
Hasta 7 onzas (200 g)
Es juguetón y divertido.
Tiene mucha energía.

Estoy listo para llevar a mi hámster a casa.

Lo cuidaré mucho.

¡PIÉNSALO!

¿Qué otras cosas puedes hacer para que tu hámster esté contento y sano?

DATOS SOBRE LOS HÁMSTERES

Estas páginas ofrecen información detallada sobre los interesantes datos de este libro. Están dirigidas a los adultos, como soporte, para que ayuden a los jóvenes lectores a redondear sus conocimientos sobre cada sorprendente animal presentado en la serie *Conoce a mi mascota*.

Páginas 4–5

Quiero tener un hámster de mascota. Los hámsteres son oriundos de Asia. Se los descubrió en los desiertos de Siria donde hacían túneles profundos en la arena. Los hámsteres fueron llevados a los Estados Unidos en 1938. Hoy, el hámster es una de las mascotas pequeñas más populares del país. Los hámsteres necesitan atención y cuidados regulares. Se los debe llevar al veterinario si tienen algún comportamiento anormal.

Páginas 6–7

Hay muchos tipos de hámsteres para elegir como mascota. Existen cinco tipos de hámsteres que se pueden tener como mascota. El hámster sirio es el más común. Mide entre 2 y 13,4 pulgadas (5 y 34 centímetros). Los hámsteres mascota generalmente tienen cola corta y cuerpo rechoncho. Las patas pueden ser peludas o lampiñas, dependiendo de la raza.

Páginas 8–9

Mi hámster vivirá en una jaula. Los hámsteres se suelen tener en jaulas de alambre con piso de plástico cubierto de heno de fleo o virutas de madera. Se pueden colocar tubos y túneles en la jaula para que el hámster explore y se ejercite. Algunas especies de hámsteres deben vivir solas, mientras que otras prefieren la compañía. Las jaulas se deben limpiar todas las semanas. La limpieza consiste en retirar y reemplazar el lecho sucio. Todos los días, se deben retirar los restos de comida para que no se pudra.

Páginas 10–11

A los hámsteres les gusta esconderse para dormir. A los hámsteres mascota les gusta esconderse y dormir en lugares cerrados, como cajitas o macetas. Los hámsteres son nocturnos, es decir que duermen durante el día y son más activos por la noche. Colocar la jaula en un lugar tranquilo le permitirá descansar durante el día. El hámster puede desarrollar enfermedades relacionadas con el estrés si su jaula está cerca de lugares ruidosos.

Páginas 12–13

Mi hámster necesitará masticar cosas. Los largos dientes superiores e inferiores que tiene el hámster en la parte delantera de la boca se llaman incisivos. Estos dientes nunca dejan de crecer y por eso debe gastarlos masticando cosas. Los dueños de hámsteres suelen darles trozos de madera limpia para masticar. No se les debe dar juguetes de plástico para que muerdan porque pueden asfixiarse.

Páginas 14–15

A los hámsteres les gusta comer semillas y vegetales. Se los debe alimentar una vez al día, generalmente por la noche, que es cuando están más activos. El hámster necesita tener una dieta balanceada con una mezcla de semillas, cereales, maíz partido y alimento granulado. A veces, se puede complementar su dieta con frutas y vegetales. Los hámsteres necesitan tener un bebedero especialmente diseñado, que debe llenarse con agua fresca todos los días.

Páginas 16–17

A mi hámster se le puede enredar el pelo. Los hámsteres pueden pasar hasta el 20 por ciento del tiempo que están despiertos acicalándose y prácticamente no necesitan ayuda de sus dueños. Hasta se cortan las uñas solos. Si es necesario, se puede usar un paño húmedo para bañarlo, pero si queda mojado, puede enfermarse. Por eso, es importante secar bien al hámster con una toalla de papel después de bañarlo.

Páginas 18–19

Mi hámster necesitará ejercitarse todos los días. Los hámsteres pueden jugar sin riesgos fuera de la jaula dentro de bolas plásticas o de un corralito para hámsteres. Su dueño debe supervisarlo cuando está fuera de la jaula para asegurarse de que no se escape ni se encuentre con ningún peligro, como otras mascotas. A los hámsteres también les encanta pasar por túneles hechos con tubos de cartón para divertirse y ejercitarse.

Páginas 20–21

Estoy listo para llevar a mi hámster a casa. Para establecer un vínculo con los humanos, los hámsteres pueden necesitar más tiempo que cualquier otra mascota pequeña. El dueño debe tener paciencia y esperar a que el hámster se adapte a su nuevo hogar. Una vez que se acostumbre al olor de su dueño, el dueño podrá intentar levantarlo suavemente. Siempre se lo debe sostener cerca del piso por si se cae accidentalmente. Los hámsteres pueden enfermarse si se los toca demasiado.

Published by Lightbox Learning Inc.
276 5th Avenue, Suite 704 #917
New York, NY 10001
Website: www.openlightbox.com

Copyright ©2026 Lightbox Learning Inc.
All rights reserved. No part of this publication may be reproduced, stored in a retrieval system, or transmitted in any form or by any means, electronic, mechanical, photocopying, recording, or otherwise, without the prior written permission of the publisher.

Library of Congress Control Number: 2024948070

ISBN 979-8-8745-1311-5 (hardcover)
ISBN 979-8-8745-1314-6 (static multi-user eBook)
ISBN 979-8-8745-1315-3 (interactive multi-user eBook)

Printed in Guangzhou, China
1 2 3 4 5 6 7 8 9 0 29 28 27 26 25

102024
101724

Art Director: Terry Paulhus
Project Coordinator: Sara Cucini
English/Spanish Translation: Translation Services USA

Every reasonable effort has been made to trace ownership and to obtain permission to reprint copyright material. The publisher would be pleased to have any errors or omissions brought to its attention so that they may be corrected in subsequent printings.

The publisher acknowledges Getty Images, Alamy, and Shutterstock as the primary image suppliers for this title.